Ana Rita Oliva Cúneo

PSICODIAGNÓSTICO DE RORSCHACH

Apuntes para el análisis y elaboración del informe

Editorial Brujas

Título: *Psicodiagnóstico de Rorschach*
Apuntes para el análisis y elaboración del informe
Autora: Ana Rita Oliva Cúneo

Oliva Cúneo, Ana Rita
  Psicodiagnóstico de Rorschach : apuntes para el análisis y elaboración del informe / Ana Rita Oliva Cúneo. - 1a ed . - Córdoba : Brujas,
2020.
  200 p. ; 23 x 15 cm.

  1. Psicología. 2. Test Psicológicos. 3. Informes. I. Título.
  CDD 155.2842

© De todas las ediciones, Ana Rita Oliva Cúneo
© 2020 Editorial Brujas
1° Edición.
Impreso en Argentina

www.editorialbrujas.com.ar publicaciones@editorialbrujas.com.ar
Tel/fax: (0351) 4606044 / 4691616– Pasaje España 1486 Córdoba–Argentina.

AGRADECIMIENTOS

*A Miguel Ángel Mirotti con quien descubrí y di los
primeros pasos con la técnica...
A Caro y Gise, junto a quienes la exploré...
A Norma Menestrina y María Teresa Herrera con quienes
la profundicé...
A mis hijos... por el tiempo*

Estas páginas, que se exhiben ambiciosamente como libro y que consisten en el desarrollo de una serie de pasos para el análisis del test de Rorschach, son el resultado de un largo recorrido. En primer lugar, como alumna, pero también como docente y, especialmente, como profesional. En este sentido, este libro que se presenta a modo de guía, es producto de un trabajo de sistematización de las clases que tuve el privilegio de compartir con Norma Menestrina y Maria Teresa Herrera en la querida Asociación Argentina de Psicodiagnóstico de Rorschach (AAPRO). También es fruto del uso del test en mi ejercicio como profesional y como docente, además de las lecturas realizadas a lo largo de todos estos años.

La organización de la guía responde a la lógica que, habitualmente, seguimos los profesionales para el análisis del test y posterior elaboración del informe. En este sentido, subvierte el orden que generalmente sigue la bibliografía existente sobre el tema, cuyo modo de presentación responde a una necesidad teórica de conocer en profundidad los distintos elementos que conforman la técnica, la administración del test, la clasificación: localizaciones, determinantes, contenidos, frecuencia, fenómenos especiales e interpretación de los datos.

Ahora bien, esta propuesta responde a un interés práctico. Por lo tanto, se organiza a partir de los distintos aspectos que los profesionales evaluamos en el test, presentados según el ordenamiento que seguimos los psicólogos para la elaboración del informe. Soy consciente de que este modelo que propongo es uno entre muchos posibles y no pretendo agotar aquí las múltiples posibilidades de análisis que el test nos ofrece, ni mucho menos encorsetar la creatividad de cada profesional. Asimismo, considero oportuno destacar que si bien para la evaluación de la personalidad atendemos a distintos elementos del test, la prueba es en sí misma una Gestalt en la que cada elemento cobrará sentido en relación con el todo.

Realizadas las aclaraciones del caso, estoy en condiciones de presentar brevemente la lógica de análisis y el ordenamiento propuesto. El primer capítulo está destinado a conceptualizar y caracterizar a las técnicas proyectivas. A continuación, en el segundo capítulo realizo un breve recorrido acerca de la historia del test de Rorschach, desde su creación hasta nuestros días, destacando el creciente interés que ha generado y su vigencia en la actualidad. Los capítulos siguientes están destinados al análisis de los distintos aspectos de la personalidad, a partir de los indicadores del test que permiten evaluarlos. Como punto de partida, en el capítulo 3, propongo el análisis de los aspectos intelectuales, tanto desde un punto de vista cuantitativo como desde un punto de vista cualitativo. A tales fines, recupero aquellos elementos del test que nos brindan información al respecto. Siguiendo en el capítulo 4, por el análisis de los aspectos afectivos desde aquellos que nos muestran cómo la persona se maneja con las emociones. El último capítulo, está destinado al análisis de los indicadores que nos van a permitir anticipar el pronóstico terapéutico y personal del probando. Finalmente, agrego un anexo con los signos Rorschach más característicos de cada cuadro psicopatológico, a partir de los cuales será posible realizar un diagnóstico diferencial. No me voy a ocupar en este texto del análisis dinámico ya que será tema de una próxima publicación.

Espero que este material resulte una herramienta de trabajo útil a los estudiantes y profesionales que utilizan el rico, vasto e inagotable test de Rorschach.

ÍNDICE

ABREVIATURAS

R	Respuestas
TT	Tiempo total
Tr	Tiempo de reacción
L	Lámina
Ex. Límites	Examen de límites
W	Global
Wv	Global vaga
We	Global esquemática
W`	Global cortada
Wi	Global incompleta
D	Detalle usual
Dd	Detalle inusual o pequeño detalle
Ddd	Pequeño detalle minúsculo
Ddi	Pequeño detalle interno
Ddr	Pequeño detalle raro
Dde	Pequeño detalle externo o de borde
Do	Detalle oligofrénico
S	Espacio blanco
F	Respuestas de forma

F ext	Forma extendido
C	Respuestas de color cromático puro
FC	Respuestas de forma color
CF	Respuestas de color forma
FCfor	Respuestas de forma color forzado
CFfor	Respuestas de color forma forzado
Cfor	Respuestas de color forzado puro
FCarb	Respuestas de forma color arbitrario
CFarb	Respuestas de color forma arbitrario
Carb	Respuestas de color arbitrario puro
FCsimb	Respuestas de forma color simbólico
CFsimb	Respuestas de color forma simbólico
Csimb	Respuestas de color simbólico puro
C′	Respuestas de color acromático puro
FC′	Respuestas de forma color acromático
C′F	Respuestas de color acromático forma
M	Respuestas de movimiento
Ma	Movimiento activo
Mp	Movimiento pasivo
Me	Movimiento de extensión
Mf	Movimiento de flexión
FM	Respuestas de movimiento animal
m	Respuestas de movimiento inanimado
K	Respuestas de claroscuro de profundidad puro
FK	Respuestas de forma claroscuro de profundidad
KF	Respuestas de claroscuro forma de profundidad forma
c	Respuestas de claroscuro de superficie (textura) puro
Fc	Respuestas de forma claroscuro de superficie (textura)
cF	Respuestas de claroscuro de superficie (textura) forma
ci	Textura intelectual
cc	Textura cálida

cf   Textura fría
cd   Textura desagradable
k   Claroscuro tridimensional reducido a un plano puro
Fk   Forma claroscuro tridimensional reducido a un plano
kF   Claroscuro tridimensional reducido a un plano forma
DM   Determinantes múltiples
Cont. Vit.   Contenidos vitales
H   Contenido humano
(H)   Contenido humano irreal
Hd   Contenido humano detalle
(Hd)   Contenido humano detalle irreal
A   Contenido animal
Ad   Contenido animal detalle
(A)   Contenido animal irreal
(Ad)   Contenido animal detalle irreal
At.   Contenido anatómicas
Sex.   Contenido sexual
Cont. Am.   Contenidos amortiguadores
Obj.   Objeto
Arq.   Arquitectura
Vg.   Vegetal
Bt.   Botánica
Nat.   Naturaleza
Abs.   Abstracto
Heral.   Heráldico
Vest.   Vestimenta
Geo.   Geografía
Geom.   Geometría
Lud.   Lúdico
Biol.   Biología
Orn.   Ornamentación

Cont. pert.	Contenidos perturbadores
Sang.	Sangre
Fue.	Fuego
Com.	Comida
Expl.	Explosiones
Masc.	Máscara
Cont. Sin.	Contenido siniestro
CM	Contenido múltiples
P	Respuestas populares
F	Respuestas frecuentes
O	Respuestas originales
IR	Indice de realidad
TV	Tipo vivencial
Prop. C.	Proporción de color
App.	Modo aperceptivo
Fen. Esp.	Fenómenos especiales

Frente a mi vieja camita de jacarandá, con un deforme manojo de rosas talladas a cuchillo en el remate del respaldo, las lluvias fueron filtrando, para mi regalo, una gran mancha de diversos tonos amarillentos, rodeada de salpicaduras irregulares capaces de suplir las flores y los paisajes del papel más abigarrado. En esa mancha yo tuve todo cuanto quise: descubrí las Islas de Coral, encontré el perfil de Barba Azul y el rostro anguloso de Abraham Lincoln, libertador de esclavos, que reverenciaba mi abuelo; tuve el collar de lágrimas de Arminda, el caballo de Blanca Flor y la gallina que pone los huevos de oro; vi el tricornio de Napoleón, la cabra que amamantó a Desdichado de Brabante y montañas echando humo, de las pipas de cristal que fuman sus gigantes o sus enanos. Todo lo que oía o adivinaba, cobraba vida en mi mancha de humedad y me daba su tumulto o sus líneas. Cuando mi madre venía a despertarme todas las mañanas generalmente ya me encontraba con los ojos abiertos, haciendo mis descubrimientos maravillosos.

(La mancha de humedad, Juana de Ibarbourou)

CAPÍTULO I

LAS TÉCNICAS PROYECTIVAS

Freud utilizó el concepto proyección para referirse a diversas manifestaciones de la vida normal y patológica. En un sentido psicoanalítico, la proyección consiste en una:

> Operación por medio de la cual el sujeto expulsa de sí y localiza en el otro (persona o cosa) cualidades, sentimientos, deseos, incluso objetos, que no reconoce o rechaza en sí mismo. Se trata de una defensa muy arcaica que se ve actuar especialmente en la paranoia, pero también en algunas formas de pensamientos "normales" como la superstición. (Laplanche y Pontalis, 1974, p.318)

En 1935, Murray, autor del Test de Apercepción Temática (TAT) utiliza el término en relación con un test. Sin embargo, fue a partir del conocido artículo de Frank (1939), *Métodos proyectivos para el estudio de la personalidad*, que éstas empiezan a ser llamadas *Técnicas Proyectivas,* y fueron entendidas como un método para estudiar la personalidad a partir de poner al sujeto ante una situación a la que contestará según el sentido que para él presenta esa situación y según lo que el sujeto siente mientras contesta. De este modo, el carácter esencial de una técnica proyectiva reside en que evoca del sujeto lo que es, en distintos modos la expresión de su mundo personal y de los procesos de su personalidad (Frank, 1939).

En esta definición inaugural están presentes los distintos elementos que caracterizan y a la vez diferencian a las técnicas proyectivas de otro tipo de técnicas.

Decíamos que *una técnica proyectiva es un método de estudio de la personalidad que pone al sujeto ante una determinada situación.*

¿Cuál es esa "situación?, ¿qué características tiene? La situación ante la que se pone al sujeto hace referencia al estímulo. Sobre éste, podríamos decir que "lo que caracteriza a una técnica proyectiva es su falta de estructuración y su eficacia para indicar la configuración psicológica del sujeto a través de sus esfuerzos activos y espontáneos para estructurar el material de prueba" (Rapaport, 1971, p.152); o como dice Székely (1960), "las pruebas proyectivas presentan el material de tal manera que, al organizarlo, interpretarlo o elaborarlo, el individuo va proyectando sus contenidos psicológicos sin advertir la intencionalidad del examinador" (pp.110-11). Es decir, las técnicas proyectivas reconocen e involucran aspectos no conscientes de la personalidad. Por lo tanto, el material y las consignas apuntan de un modo indirecto a movilizarlos y las respuestas del sujeto son también un modo indirecto de comunicarlos.

En este sentido, el hecho de que el estímulo no muestre de forma directa cuál es la intención del examinador, responde a la necesidad de disminuir la posibilidad de control consciente sobre la conducta que va a ser evaluada. Rapaport (1971), planteó que los test de personalidad no deben permitir que el sujeto descubra cómo se estimarán sus reacciones ante la prueba, de este modo se impide que el sujeto modifique voluntaria y sistemáticamente las respuestas. Elsa Grassano (1980) sostuvo que las técnicas enfrentan a la persona a "con aspectos de una realidad con características inestructuradas o de estructuración poco usual, a la que debe organizar apelando a modelos internos" (p. 20). Por lo tanto:

> Las técnicas Proyectivas nos presentan situaciones análogas a las que se encuentran en lo cotidiano; sólo que el material ha sido seleccionado para ser estimulante en áreas significativas de la personalidad, estandarizado para que los resultados sean comparables, verificado estadísticamente en cuanto a la relación de determinadas respuestas con características personales patológicas o no, sistematizado para poder ser comprendido desde una concepción teórica de la personalidad y desde ella profundizado mediante la interpretación. (Mirotti, 2018, p.16)

Consideramos relevante aclarar que si bien los términos *ambigüedad* e *inestructuración* del estímulo se han utilizado indistintamente cabe diferenciarlos ya que, un estímulo estructurado presenta relaciones orgánicas entre sus partes, oponiéndose a lo vago, a lo difuso y a lo no organizado y un estímulo es ambiguo cuando se le pueden adjudicar significados diversos, siendo lo contrario univocidad, definición (Mirotti, 2018).

En este sentido, "las respuestas pueden ser diversas, pues el estímulo admite infinitas interpretaciones. Por lo tanto, no existen, rigurosamente hablando respuestas positivas o negativas" (Székely, 1960, p.111).

Por tal motivo, consideramos que utilizar el término *ambiguo* para referirnos a las características del estímulo en las pruebas proyectivas resulta más pertinente dado que, es precisamente la ambigüedad del mismo la que da lugar a la manifestación de la subjetividad. Por lo tanto:

> El material de las pruebas "proyectivas" es intencionalmente relativamente ambiguo, y sólo relativamente estructurado con algunos ítems más definidos y organizados para observar la adaptación del sujeto al pensamiento común, y otros menos, que obligan a poner en acción una fantasía más personal. (Mirotti, 2018, p.17)

Sin embargo, la ausencia total de estructura no se traduce en una mayor riqueza de respuestas, al contrario, "para lograr que la mente responda con actos de reconocimiento, es necesaria una rica acumulación de configuraciones ambiguas, pero claramente articuladas, como las manchas del Rorschach" (Mirotti, 2018, p.17).

Ahora bien, hasta aquí hemos hecho referencia a las características que el estímulo tiene en este tipo de técnicas, pero es necesario considerar otros factores que están presentes y que exceden al estímulo mismo. Nos referimos al factor al que Frank (1939) aludió cuando en su definición manifestó que el sujeto contestará *según el sentido que para él presenta esa situación y según lo que siente mientras contesta*. En este sentido, también Székely (1960) expresó que "la significación de las respuestas debe ser desentrañada conforme a la organización, interpretación o elaboración resultantes de las propias respuestas del individuo" (p.111).

Esto nos lleva a hablar de otro de los elementos presentes en la situación de prueba, nos referimos específicamente a la *percepción*. Las teorías psicológicas de la percepción realizaron un recorrido que va desde "la pasividad de la concepción del sujeto percipiente hacia su actividad creciente" (García, 2004, p.77). En esta línea, la psicología clásica consideró al sujeto como eminentemente pasivo y limitado a hacer una copia de la realidad. La llegada de la psicología de la Gestalt, a mediados del siglo XX, dotó al sujeto de una mayor actividad ya que consideró que el sujeto no realiza una copia fiel del objeto sino que recrea perceptivamente el campo. Del mismo modo, Bellak y Abt (1967) destacaron que el proceso perceptivo es activo e intencional y tiene raíces profundas en las experiencias pasadas del individuo y que se extiende hacia el futuro para moldear su orientación.

Una evidencia de que la percepción funciona activamente es su tarea selectiva. Los psicólogos del *New Look*, se preguntaron acerca del por qué dos personas ante un mismo objeto perciben cosas diferentes poniendo en evidencia el papel activo del sujeto en el proceso perceptivo e introduciendo las variables culturales además de la incidencia de la personalidad individualidad.

Por lo tanto, dado que el campo de la consciencia es limitado, la percepción excluye muchos datos que le llegan a los sentidos y se centra en aquellos que, por diversos motivos, tienen una significación especial. Se produce un mecanismo de exclusión-concentración que comúnmente conocemos como *atención selectiva*. Es decir, el sujeto es más sensible a determinados estímulos que a otros, en función de su interés, de los objetivos que tenga, o bien, porque generan placer o promueven su bienestar.

En este sentido, nos parece relevante destacar el hecho de que nunca percibimos la realidad tal como es, no realizamos una copia fiel de la misma y nuestros sentidos tampoco pueden captar la totalidad de la misma. Es en el recorte que realizamos que juegan un papel importante nuestras experiencias y nuestra propia subjetividad. Por lo tanto, un concepto que nos resulta más preciso para dar cuenta de esta situación, es el de *apercepción*. "La apercepción es la interpretación en diversa medida subjetiva que hacemos de un objeto, los factores internos juegan un rol importante, lo que se ve facilitado por algún grado de ambigüedad del material" (Mirotti, 1998, p.17). O bien, como la definió Béllak (1967), la apercepción consiste en "una interpretación dinámicamente significativa que un organismo hace de una percepción" (p.27).

A partir de la clásica definición de Frank hemos dado cuenta de dos de los elementos característicos de las técnicas proyectivas. A saber, la ambigüedad del estímulo y la percepción, o mejor aún la apercepción. Sin embargo, aún nos resta referirnos a un elemento clave que da sentido a dichas técnicas.

En otras palabras, la última parte de la definición acuñada por Frank nos remite al objetivo de las técnicas proyectivas. Al decir del autor, *el carácter esencial de una técnica proyectiva reside en que evoca del sujeto lo que es, en distintos modos, la expresión de su mundo interno y de los procesos de su personalidad.*

Lo que las técnicas proyectivas nos permiten es el acceso al mundo interno, partiendo del supuesto de que la organización y sentido que el sujeto otorga al material en la situación de prueba, refleja la estructura y los contenidos de ese mundo interno. Grassano (1980) expresó que:

> El psicólogo observa a partir de estas respuestas la capacidad del entrevistado para dar forma, organización y sentido emocional a ese aspecto de la realidad que el estímulo proyectivo representa (…) La significación de sus respuestas debe ser desentrañada conforme a la organización, interpretación o elaboración resultante de las propias respuestas del individuo. Ya que, en dichas respuestas, al organizar, interpretar o elaborar el material de dichas pruebas, el individuo va proyectando sus contenidos psicológicos. (p.34)

Es decir, el funcionamiento de las técnicas proyectivas consiste en poner al sujeto frente a estímulos ambiguos, dicha ambigüedad dará lugar a múltiples posibilidades de respuesta y es precisamente por ello, que la organización, estructuración e interpretación que le otorgue al estímulo, nos hablará de él, de su mundo interno y con ello podremos conocer algunos aspectos de su personalidad.

CAPÍTULO II

EL TEST DE RORSCHACH

En 1921 Herman Rorschach publicó su famoso libro "Psicodiagnóstico. Un test de diagnóstico basado en la percepción", fruto de varios años de trabajo en el Hospital mental Kronbach en Herisau, Suiza. Este hito marcó el nacimiento de los test de manchas como métodos proyectivos para el estudio de la personalidad.

La experimentación con manchas tiene una larga historia que se remonta hasta la propia infancia de Rorschach ya que existía en Suiza un juego muy popular entre los niños que consistía en manchar hojas y plegarlas para obtener distintas formas.

En 1911, Rorschach investigó con manchas de tinta en la escuela de Altnau, con un grupo de alumnos de su amigo Ghering. Lo que pretendía era comprobar si los alumnos más aventajados poseían una fantasía más rica que aquellos considerados menos inteligentes. Sin embargo, el autor abandonó estas experiencias hasta 1917, momento en el que retomó el interés por el estudio de la manifestación de la personalidad ante la estimulación de las manchas de tinta. A partir de entonces, Rorschach se dedicó a elaborar las láminas y a ensayar con ellas con sus pacientes del hospital de Herisau. Luego de varios intentos frustrados, en 1920 consigue publicar su libro, el cual inicialmente se acompañaba de 15 láminas que, por decisión del editor, fueron reducidas a 10. Asimismo, debido a la mala calidad de la edición, el color negro que en las láminas originales era parejo presentó distintas tonalidades. Rorschach vislumbró las posibilidades de análisis que ello ofrecía y lo introdujo en el test dando lugar al claroscuro.

La muerte sorprendió tempranamente a Rorschach, dejando un valioso legado que continuó con la estandarización y el desarrollo de un instrumento de evaluación de la personalidad que se volvió mundialmente conocido.

Como señaló su autor, "la prueba consiste en interpretar formas accidentales, es decir, imágenes sin configuración predeterminada" (Rorschach, 1948, p.19). Estas formas, según lo explicó el propio Rorschach, se caracterizan por ser simples, porque poseen en su distribución cierto ritmo espacial que les brinda plasticidad y son simétricas. Estas propiedades de las láminas facilitan la interpretación del sujeto. En este sentido:

> Las manchas son un objeto ante la vista, la consiga y la disposición a   responder, es lo que las convierte en estímulos actuales. Por sus características, presentan infinitas posibilidades de interpretación; pero la actividad selectiva de la percepción hará que la atención sea atraída

por aquellas que tienen para la persona algún particular sentido, según su programa perceptivo. (Mirotti, 1998, p.2)

Esta característica del estímulo nos permite ubicar al test de Rorschach dentro de las denominadas "técnicas proyectivas" aunque su autor no se haya referido de modo explícito a la proyección en su libro. Fue recién en 1939 con la publicación del conocido artículo de Frank que la noción de proyección fue ligada por primera vez al test de Rorschach. Dado que, en su artículo Frank expresó que los test de personalidad en los que la estructuración es escasa, inducen al sujeto a proyectar sobre el estímulo su mundo interno y sentimiento personales. En este sentido, también Rapaport (1971) consideró como proyectivos a los métodos de evaluación que implicaran alguna ambigüedad.

Sin embargo, muchos consideran que es más preciso hablar del test de Rorschach como una técnica perceptual. El propio autor planteó que *"las interpretaciones de estas figuras accidentales pertenecen al campo de la percepción y de la apercepción, más bien que al de la imaginación"* (Rorschach, 1949, p.21). Dijo:

> Por lo tanto, si la percepción también puede considerarse como una *integración asociativa de los engramas preexistentes (imágenes mnémicas) con los complejos sensoriales recientes, la interpretación de formas accidentales podrá calificarse como una percepción en la cual el esfuerzo de integración entre el complejo sensorial y el engrama, es tan grande que el propio sujeto lo percibe intrapsíquicamente como tal, es decir, como un esfuerzo de integración.* (Rorschach, 1948, p.21)

Es decir, los estímulos visuales no son recibidos pasivamente sino que son elaborados por el sujeto. En tal sentido, "la forma se integra con los contenidos internos del sujeto, y con su propia experiencia; esto da como resultado una respuesta propia y única que lo distingue de los otros" (Passalacqua, 1994, p.27). De este modo, consideramos que el Rorschach es una prueba proyectiva y perceptual.

Desde su creación hasta la fecha, el test de Rorschach ha generado un creciente interés y fue objeto de múltiples estudios e interpretaciones que dieron lugar a diferentes escuelas. Tal como expresó Pardillo Palomino (2001):

Entre 1950 y 1960, fueron publicados en importantes revistas científicas de Estados Unidos, Europa y América Latina, más de 3.000 artículos relacionados con el Rorschach. En ese contexto, surgen los llamados "cinco grandes sistemas Rorschach", (Beck, 1961; Hertz, 1970; Klopfer, 1942; Piotrowski, 1957 y Schafer, 1954), los cuales evolucionaron entre 1936 y 1945 hasta quedar firmemente consolidados. Los sistemas diseñados por Beck (1961), Klopfer (1942) y Hertz (1970), fueron los primeros, mientras que los elaborados por Piotrowski (1957) y Rapaport-Schafer (1946), se incorporaron posteriormente.

Es decir, en la medida en que el test se difundía, surgieron distintas corrientes y escuelas para su comprensión. Beck, desde una línea conductista y psicométrica, introdujo la técnica en Estados Unidos; Klopfer la trabajó desde un enfoque dinámico y fundó en 1932 en Instituto de Rorschach en Nueva York; Piotrowski introdujo aportes experimentales; Loosli-Usteri quien lo difundió en Francia; Alcock en Inglaterra creando en 1932 el British Rorschah

Forumy; y la escuela de Rapaport y Schafer con un enfoque psicoanalítico. Autores más contemporáneos como Exner y Bohm realizaron una integración de estas escuelas dando lugar al sistema comprensivo (Exner) y a la escuela europea psicodinámica (Bohm).

Si bien en nuestro país, las dos escuelas más difundidas son la Suiza-Francesa y la de Klopfer, se desarrolló una línea propia que recoge las bases de estas escuelas y suma aportes de otros autores y que es conocida como *Escuela Argentina de Rorschach*.

CAPÍTULO III

ANÁLISIS DE LOS ASPECTOS INTELECTUALES

Este capítulo está destinado a presentar aquellos elementos del test que consideramos necesario tener en cuenta para analizar los aspectos intelectuales de la persona.

Si bien sabemos que el Test de Rorschach es una técnica proyectiva y no un test psicométrico y, por lo tanto, no mide ni cuantifica la inteligencia arrojando un coeficiente intelectual, nos brinda información importante acerca del nivel intelectual de la persona, de su rendimiento, de su modo de funcionamiento y de su relación con otros aspectos de la personalidad.

En su Psicodiagnóstico, Rorschach (1948) planteó que los protocolos de sujetos inteligentes se caracterizan por una proporción de formas bien vistas, la intervención de un gran número de factores cinestésicos, muchas respuestas globales, un tipo aperceptivo W, W-D o W-D-Dd y reducida proporción de respuestas zoomórficas.

A continuación, vamos a presentar los elementos del test, los propuestos por el propio autor y aquellos que han sido considerados posteriormente por otros autores, que nos permiten realizar el análisis de los aspectos intelectuales tanto desde un punto de vista cuantitativo como desde un punto de vista cualitativo.

Análisis de los aspectos intelectuales desde un punto de vista cuantitativo

En este apartado vamos a tener en cuenta aquellos elementos del test que nos van a permitir inferir el nivel de inteligencia de la persona.

-En primer lugar, el <u>número total de respuestas</u> (R) nos va a mostrar la productividad de la persona. Un protocolo medio oscilaría entre 25-30 repuestas aproximadamente. Encontrarnos con un número esperable de respuestas nos indica que la persona cuenta con un buen nivel de productividad. La calidad de la misma la vamos a deducir de la calidad de las respuestas.

-<u>Respuestas Globales (W)</u>:

Para Rorschach (1948), las personas inteligentes producen de 7 a 10 o más respuestas globales que, generalmente, son respuestas formales o M bien vistas. Es decir, asocia las respuestas W a una buena inteligencia ya que darlas implica que el sujeto dispone de un rico caudal de engramas, además de una afectividad viva y una voluntad activa. En este sentido, Rorschach las considera fundamentalmente como un "índice de la energía disposicional de la actividad asociativa, y muchas veces, también como la expresión de la *voluntad consciente o inconsciente de alcanzar complicados rendimientos,* tales como los que involucran procesos de abstracción o combinación" (Rorschach, 1948, p.57).

Consideramos entonces, que entre un 20% y 30% de respuestas W en un protocolo, cuando son de buena calidad formal, nos hablan de una persona que cuenta con un buen nivel intelectual y que posee energía disposicional y capacidad para unificar distintos elementos en una totalidad organizada. Asimismo, las respuestas W+ nos indican que la persona posee recursos para realizar abstracciones y para teorizar. Sin embargo, es importante que consideremos el tipo de respuestas W de que se trata ya que, no es lo mismo dar W primarias que W secundarias. Y al interior de cada uno de estos tipos tampoco es igual un predominio de W primarias sincréticas, que implican mayor pobreza, que un predominio de W analíticas, propias de un tipo de pensamiento científico, o de W sintéticas, que indican capacidad de síntesis.

Las W secundarias son más ricas en su elaboración y nos muestran capacidad de integración, es decir, la persona puede ver los distintos aspectos o elementos por separado y organizarlos en una totalidad integrada.

-<u>Respuestas de forma de buena calidad (F+)</u>:

El porcentaje esperable de respuestas formales de buena calidad está entre 80% y 95% dado que, tal cual lo expresó Rorschach (1948), *"el máximo y el óptimo constituyen dos magnitudes totalmente distintas" (p.55).* En este sentido expresó que una proporción esperable de F+ "constituye un índice de la agudeza de ciertos procesos asociativos -o quizá de todos-, así como el grado de persistencia de la capacidad de atención y de la capacidad de concentración" (p.55).

De este modo, consideramos que el factor formal es un elemento sumamente importante para analizar el nivel intelectual de la persona ya que nos muestra la capacidad que tiene para responder al estímulo de modo objetivo y controlado.Que la persona pueda dar respuestas con predominio formal y que éstas sean de buena calidad, evidencia que puede mantener la atención estable a lo largo del test y una buena concentración que le permite percibir con claridad; que posee nítidos engramas formales; que puede, además, traerlos a la consciencia y que puede elegir entre ellos, la imagen que más se ajusta al estímulo. Es decir, estamos frente a un yo que ejerce eficazmente sus funciones y que no se deja invadir por los impulsos, la angustia y/o la tensión. En este sentido, las respuestas de F+ dan cuenta de que los esfuerzos del yo por mantener el control son eficaces. Si en cambio, las respuestas F son mal vistas (F-), dichos esfuerzos resultan ineficaces y fallidos.

Por lo tanto, analizaremos el nivel intelectual de la persona en relación directa con la cantidad y la calidad de las respuestas formales. Es decir, a medida que el nivel de inteligencia desciende vamos a encontrar un predominio de respuestas de F- (formas mal vistas), las cuales se caracterizan por la inexactitud de la percepción, lo cual nos muestra la pobreza con la que la persona percibe. En cambio, cuando se trata de una inteligencia un poco mejor pero aún mediocre, habrá una mayor cantidad de F+-, que son respuestas que dan cuenta de la imprecisión con la que se percibe. Cuando se trata de una inteligencia media encontraremos más respuestas de F+, aunque no se caracterizarán por ser demasiado ricas en su elaboración. Cuando en el protocolo hay presencia de respuestas originales que son propias de una inteligencia creativa, estamos frente a una persona con un nivel intelectual superior. Sin embargo, es importante que consideremos no sólo el número sino también la calidad de *respuestas originales*. Volvemos a reiterar "la regla de que *el máximo no equivale al óptimo*" (Rorschach, 1948, p.61). Un buen número de ellas, nos habla de cierta soltura asociativa y de flexibilidad. Su contenido, en cambio, nos va a indicar si las particularidades asociativas del sujeto responden a la formación profesional o a una amplia cultura general. Si son respuestas que recurrentemente responden a una misma categoría se vincularán con la formación profesional, si son disímiles entre sí, podemos pensar que más bien se trata y son muestra de una amplia y rica cultura general.

Asimismo, vamos a analizar las respuestas originales en relación con las localizaciones en que se dan y con los determinantes a los que aparecen asociadas. Por ejemplo:

Cuando las O+ son respuestas de D, nos hablan de aspectos creativos vinculados al sentido práctico. Si se dan en Dd, la creatividad y originalidad de la persona aparece vinculada al detallismo, es decir, no sólo puede reparar en aspectos que pasan inadvertidos para la mayoría de las personas sino que además puede hacerlo con originalidad. Los Ddr nos indican un modo particular, excéntrico y poco habitual de percibir. Por lo tanto, un test con O+ en Ddr nos habla de aspectos creativos extravagantes y fuera de lo común. Cuando las respuestas O+ se dan en respuestas W, nos muestran la riqueza de la persona en relación con la capacidad de organización, de síntesis y de abstracción. Estas respuestas se vinculan también con un pensamiento teórico original y creativo (Passalacqua, 1993).

-<u>Respuestas de Movimiento Humano (M)</u>:

"Las personas inteligentes caracterízanse por presentar, al menos, unas pocas respuestas determinadas por *engramas cinestésicos,* además de la percepción formal" (Rorschach, 1948, p.62). La presencia de respuestas de M en el test es esperable en muchos sentidos. Desde el punto de vista intelectual, la presencia de M nos habla de la posibilidad de la persona de conectarse con sus recursos internos y de crear algo nuevo y propio, es decir, su presencia son un índice de la capacidad de creación interior. Desde una mirada cuantitativa, consideramos que un número de entre 2 y 4 M, de buena calidad, indican un nivel intelectual término medio. Cuando su número es mayor, 5 o más M, estamos frente a una persona que posee un nivel intelectual superior. Finalmente, ante la ausencia total de M, pensamos en un nivel intelectual bajo.

Análisis de los aspectos intelectuales desde un punto de vista cualitativo

Más allá de estimar el nivel intelectual de la persona, es importante que realicemos una valoración cualitativa de la inteligencia. Es decir, buscar en el test aquellos elementos que nos hablan de sus características, del modo de funcionamiento predominante, del tipo de pensamiento y de su ritmo, del tipo de enfoque más habitual, entre otros.

<u>-El Tipo Aperceptivo</u>:

Los modos aperceptivos nos muestran la manera en que la persona percibe, el enfoque intelectual con el cual se acerca a la realidad, de la influencia de las emociones sobre el mismo, en definitiva, nos hablan del tipo de inteligencia. Es decir:

> Como base de un tipo aperceptivo determinado seguramente debemos aceptar la forma la inteligencia, que depende de la disposición individual, pudiendo ser abstracta y teórica, combinatoria e imaginativa, práctica y concreta, etcétera. Más el tipo disposicional de reacción es modificado, a su turno, por el estado y, de otra parte por actitud consciente de la atención. (Rorschach, 1948, p.59)

Encontramos distintas posibilidades en función de las localizaciones predominantes, es decir, de las áreas de las manchas que el sujeto utiliza para responder. Cuando las localizaciones se hallan dentro lo esperable, o sea, W 20-30%, D 60-0% y la suma de Dd y S no superan el 10%, hablamos de *"tipo aperceptivo normal"*, lo cual nos indica que el pensamiento se encuentra organizado, que cuenta con capacidad de análisis y de síntesis, que posee una visión amplia que le permite captar la totalidad al tiempo que se detiene en aspectos más concretos y obvios y que tiene la posibilidad de atender a aquellos elementos que pasan inadvertidos para la mayoría de las personas. Es, por lo tanto, propio de una persona que está adaptada a la realidad y que posee sentido común. Este tipo de apercepción W, W-D o W-D-Dd, también llamado tipo de apercepción "rico" se asocia a la inteligencia de los *normales* (Bohm, 1973, p.208).

Cuando, en cambio, los porcentajes difieren de los esperables, nos parece importante indagar en detrimento de qué localización aumenta otra, ya que no es lo mismo una disminución de respuestas W en relación con un aumento de D, que una disminución de las mismas por un aumento de Dd, por ejemplo.

Para poner en juego esta relación Passalacqua y colaboradores (1993) desarrollaron distintos tipos aperceptivos señalando con un ____ por cada aumento del 10% del porcentaje esperable y () por cada 10% de disminución del mismo.

Presentan las siguientes posibilidades:

<u>W</u> ((D)) <u>Dd</u>

Este modo aperceptivo señala una disminución del 20% de las respuestas de D y un aumento del 10% tanto de las respuestas W como de las respuestas de Dd. Ello nos muestra que en la persona predomina un enfoque teórico, analítico-sintético (aumento de W), que se detiene en la consideración de algunas minucias (aumento de Dd), dejando de lado los aspectos más comunes, obvios y concretos de la realidad, siendo poco práctico (disminución de D).

WD

En este tipo aperceptivo, en el cual las respuestas W y las respuestas de D se hallan dentro de lo esperable, el enfoque de la realidad predominante es teórico (W)-práctico (D).

<u>W</u>((D))

En este caso, la disminución de las respuestas de D responde a un aumento de las respuestas W. Nos parece

importante determinar el tipo de W que prevalecen, ya que
ello nos va a indicar diferentes modos de pensamiento. Si
se trata de W secundarias, estamos frente a un modo de
pensamiento analítico sintético más rico que si se trata de
W primarias, en el que dicha capacidad de análisis estaría
ausente.

(W) <u>D</u>

Cuando lo que disminuye son las respuestas W en
detrimento del aumento de respuestas de D, estamos frente
una persona que privilegia y se apoya en los aspectos más
comunes y obvios de la realidad, mostrando poca capacidad
de abstracción y de síntesis. Se trata de un tipo de inteligencia
que funciona a predominio del pensamiento práctico.

<u>W</u> <u>Dd</u>

Cuando hay un aumento de W y Dd que se produce
en relación con una ausencia total de respuestas de D
pensamos en una seria dificultad de adaptación que puede
ser   patológica.

(W) ((D)) <u>Dd</u>

Si la disminución de las respuestas W y de los D se
produce por el aumento de Dd, es decir, la persona percibe
minucias, se detiene en aspectos menos obvios y concretos,
pensamos en alguien con un pensamiento extravagante, poco
común y excesivamente crítico.

<u>W</u> (((((D))))) <u>S</u>

El aumento de respuestas W y de S indican un excesivo
control y oposicionismo.

(W) <u>D</u> <u>Dd</u>

Finalmente, cuando están aumentados los D y Dd, pensamos que la persona puede resolver tareas comunes, prácticas y cotidianas pero que presenta pobreza en el pensamiento teórico y va a mostrar dificultades en todo aquello que requiera de planificación y organización.

- <u>Los tiempos</u>:

El análisis de los tiempos es otro elemento importante ya que nos va a dar información respecto del ritmo del pensamiento y de la incidencia de la angustia y de los afectos sobre él. Si atendemos a los tiempos de reacción, por ejemplo, podemos observar si el ritmo de pensamiento se mantiene constante, si se ve alterado y en ese caso, frente a qué láminas ocurre esto, si luego puede armar una respuesta, de qué calidad, qué localización utiliza, qué determinantes, la presencia de fenómenos especiales, etc.

- <u>El color</u>:

El uso que la persona haga del color nos permitirá ver si la inteligencia es interferida por los aspectos emocionales y si éstos alteran y limitan su funcionamiento o, si en cambio, lo enriquecen. Para ello vamos a considerar el nivel formal, es decir, el modo en que el color aparece en la respuesta. Cuando la persona reacciona al color y éste queda contenido dentro de la forma (FC), evidencia que el yo pudo controlar con éxito las emociones e integrarlas en la respuesta, enriqueciendo de este modo, el funcionamiento intelectual. Si en cambio, el control racional no es eficaz y la forma queda relegada a un plano secundario (CF), consideramos que los aspectos emocionales lo desbordan e interfieren en el funcionamiento intelectual.

-<u>Tipos de color</u>:

Es importante también, que consideremos distintas reacciones al color que se asocian a determinadas características de la inteligencia. Por ejemplo, para que la descripción del color o color descriptivo aparezca en el test, la persona tiene que reparar en las distintas tonalidades, mezclas y matices de las áreas cromáticas, lo cual se asocia a una buena inteligencia. Por lo tanto, no es común que se den en personas con bajo nivel intelectual. Asimismo, la descripción del color, implica una manera de tomar distancia de aquello que moviliza el estímulo cromático a través de la intelectualización.

Del mismo modo, quien da respuestas de FC Simbólico, hace un uso particular del color, utilizándolo para expresar lo que para él simboliza y representa. En este sentido, implica cierta capacidad de abstracción por lo que pensamos que su presencia se asocia con un buen nivel intelectual.

<u>Los contenidos</u>:

La variabilidad de contenidos nos habla de variabilidad de intereses y por lo tanto de riqueza. Sin embargo, hay respuestas que son comunes y frecuentes. "La figura animal es, sin duda, la interpretación más cómoda y que surge en la prueba con mayor facilidad, creándose así una disposición asociativa centrada en los engramas zoomórficos, que ejerce una influencia estereotipante sobre las interpretaciones" (Rorschach, 1948, p.60). En este sentido, el porcentaje de respuestas de contenido animal, el A%, nos brinda el índice de estereotipia del pensamiento. En oposición a esta tendencia estereotipante podemos observar también, la soltura de las asociaciones, que en un pensamiento estable y sistemático no es ni muy débil ni demasiado fuerte. Es decir, cuando el A% se encuentra dentro de lo esperable (20%), inferimos que se trata de un pensamiento sistemático y ordenado, no errático, ni rígido. En la medida en que ese porcentaje aumenta, aumenta la rigidez y estereotipia del pensamiento, cuando el porcentaje disminuye más inestable, caótico y desordenado es éste.

-<u>Respuestas de claroscuro</u>

La presencia de respuestas de claroscuro en el test también se asocia a buena inteligencia. Consideramos que poder dar respuestas de claroscuro de profundidad (FK), implica que la persona puede considerar los distintos matices y tonalidades de la lámina y al mismo tiempo utilizar la perspectiva, que es capaz de tomar distancia y controlar de este modo, la angustia que el estímulo provoca. En este sentido, asociamos la presencia de respuesta FK a un buen nivel intelectual ya que implica agudeza visual y da cuenta de una persona que cuenta con recursos para de percibir sutilizas y usar la perspectiva.

Asimismo, la presencia de alguna respuesta de claroscuro del tipo Fk es indicio de un buen nivel de inteligencia, dado que implica un esfuerzo intelectual para lograr la reducción de un claroscuro tridimensional a un plano bidimensional. La persona que lo da, recurre al mecanismo de la intelectualización, que se presenta controlado y adaptado a la realidad.

Del mismo modo, la presencia de texturas intelectuales (Fcci) también implican el uso de la intelectualización como mecanismo para tomar distancia de aquello que moviliza el estímulo, en este caso el vínculo con el otro. A estas respuestas, se las considera un índice de buen nivel intelectual por la sutileza que implica su percepción.

-<u>Fórmula vivencial</u>:

Rorschach (1948) expresó que "las cantidades absolutas de M y C, por más importancia que tengan como representantes de la creación interior y de los aspectos afectivos, respectivamente, no son por sí solos expresiones suficientes de éstos: *lo esencial es, en cambio, su proporción mutua" (p.71).* Los colores representan la afectividad, por lo tanto, mientras más respuestas cromáticas más inestable es ésta, mientras más cinestesias más estabilizada es la afectividad. En relación con la inteligencia, el predominio de las respuestas de movimiento, es decir, el tipo vivencial ***introtensivo,*** se vincula con una inteligencia más rica y diferenciada, con mayor conexión con la vida interior y con una capacidad de creación superior. El predominio de los colores, en cambio, o sea, el tipo vivencial ***extratensivo***, se asocia a una inteligencia más reproductora y estereotipada.

Es importante también analizar los valores de la fórmula. Asociamos el tipo vivencial dilatado a creatividad, expansión y, por lo tanto, a mayor riqueza intelectual. Cuando el tipo vivencial es coartado y en alguna medida coartativo, inferimos una mayor pobreza y restricción intelectual.

-<u>Determinantes múltiples</u> (DM):

El hecho de que en el test aparezcan respuestas que utilizan múltiples determinantes nos habla de riqueza ya que, poder darlas implica que la persona atendió simultáneamente a más de un aspecto de la lámina. En este sentido, la presencia de DM en el test, nos habla de un buen nivel intelectual, de flexibilidad, de creatividad y evidencian la capacidad de la persona para considerar varios aspectos al mismo tiempo. Sin embargo, nos parece importante destacar que esta valoración va a depender del análisis del nivel de integración de los mismos.

- <u>Fenómenos Especiales asociados a Inteligencia:</u>

Por último, también es importante atender a determinados fenómenos especiales que se vinculan con el funcionamiento intelectual, con sus fallas, su rendimiento, su inhibición, deterioro. Passalacqua y Gravenhorst (2005) los agrupan en distintas categorías. A saber: fenómenos asociados al déficit de memoria, fenómenos asociados a fallas del pensamiento, fenómenos asociados a inhibición neurótica de la inteligencia y fenómenos asociados a deterioro.

Consideramos oportuno aclarar que será la presencia de varios de los fenómenos especiales agrupados en cada categoría, lo que nos va a brindar elementos para arribar a un diagnóstico preciso y no la presencia aislada de alguno de ellos. Asimismo, vamos a analizar estos elementos en interrelación con la totalidad del protocolo.

Capacidad y rendimiento

Bohm (1973) explicó que "la inteligencia es, según podemos ver en la vida práctica, *el potencial de rendimiento intelectual existente en la disposición.* Depende, en primer lugar, naturalmente, de las dotes innatas, pero no es idéntica a ellas" (p.205). Es decir, el rendimiento intelectual va a implicar mucho más que la mera disposición. En este sentido, la totalidad de las disposiciones intelectuales reciben el nombre de *capacidad,* la cual no se corresponde totalmente con la noción de inteligencia. Por lo tanto, en el rendimiento intelectual actual de una persona van a intervenir diversos factores y no va a depender de forma exclusiva de la capacidad que posea la misma. Por ello, es importante que atendamos a los distintos indicadores del test que nos van mostrar ambos aspectos y la forma en que se relacionan.

En primer lugar, vamos a considerar el *índice de aspiración* (W/M), que pone en relación las respuestas W con los M. De un lado, los M nos hablan del potencial, del otro, las W nos muestran las posibilidades de concreción del mismo. Lo esperable es que la relación entre ambos sea de 3-4 a 1. Por lo tanto, cuando hay un aumento de W, nos encontramos frente a personas que se proponen más que sus posibilidades reales. El caso contrario, es decir, cuando la relación esperable entre W/M es menor de 3-4/1, nos hace pensar en una persona cuyo nivel de aspiración es pobre y que no muestra preocupación ni interés por desarrollar el potencial que posee.

Además del índice de aspiración, hay otros elementos del test que también nos van a mostrar la relación entre la capacidad de la persona y su rendimiento. Entre ellos, las respuestas de F pura y su relación con las respuestas de predominio formal. Las respuestas puramente formales evidencian el esfuerzo del yo para disociarse. Cuando además de la forma interviene otro determinante, vemos que el yo, puede integrar otros factores tales como, las emociones y la angustia. Ahora bien, el éxito de dichos intentos lo vamos a deducir de la calidad formal de las respuestas. Entonces, es importante que consideremos la relación entre F+ y F+% extendido. Cuando los valores se hallan dentro de los porcentajes esperables, estamos ante una persona que puede disociarse operativamente e integrar otros aspectos enriqueciendo su funcionamiento.

Por otro lado, en relación con la frecuencia de las respuestas, cuando hay en el test un adecuado número de populares y la presencia de algunas respuestas originales bien vistas, podemos pensar que la persona tiene sentido común y buena adaptación a la realidad y además, posee riqueza intelectual, creatividad y que cuenta con recursos para ponerlo en juego. Es decir, a su potencial lo acompaña un buen rendimiento.

Otro indicador de buen desempeño intelectual podemos observarlo a partir de la respuesta que la persona de a la lámina IX. Esta lámina es considerada por varios autores como la lámina del rendimiento intelectual dado que, resulta muy difícil poder organizar una respuesta W de buena forma (Passalacqua, 1993). Por lo tanto, si la persona logra integrar exitosamente los distintos detalles de la lámina en una respuesta W, nos muestra que posee, además de capacidad, recursos para alcanzar un buen rendimiento.

En síntesis, además del índice de aspiración, de la relación entre F% y F% extendido, la presencia de populares y originales bien vistas, vamos a considerar que todos aquellos elementos de buena calidad formal que estén presentes en el protocolo ya que nos hablan de la capacidad de la persona para poner en juego los recursos de los que dispone. De este modo, tendremos en cuenta la variabilidad de contenidos, de determinantes, la presencia de respuestas adicionales, lo cual, como decíamos, pone en evidencia no sólo la riqueza intelectual de la persona sino la posibilidad de plasmarla en la realidad.

CAPÍTULO IV

ANÁLISIS DE LOS ASPECTOS AFECTIVOS

De modo directo o indirecto todos los factores del test se relacionan con la afectividad. De modo especial, la reacción al color y el modo en que se relaciona con otros determinantes nos va a brindar elementos para analizar los aspectos de la personalidad que se vinculan con la misma. Básicamente, nos interesa indagar acerca del control que el yo puede ejercer sobre la impulsividad. Es decir, cuando irrumpen las emociones, ¿cómo se maneja el yo?, ¿se esfuerza por mantener el control?, ¿sus intentos de control son exitosos?, ¿se ve desbordado?, ¿logra adaptarse?, ¿lo intenta pero falla?, ¿las emociones se manifiestan de forma cruda sin mediación del yo?, ¿hay represión, fluidez o inhibición afectiva?

En este sentido, será "la prueba de interpretación de formas la que nos orienta, ante todo, en lo que interesa a la estabilidad o inestabilidad de las emociones, a la fuerza o debilidad de los afectos, a su intensidad y extensividad, así como a su dominio o falta de dominio, su represión o su libertad". (Rorschach, 1948, p.94)

Para analizar todas estas cuestiones vamos a considerar básicamente el predominio y la calidad formal de las respuestas de color. Rorschach (1948) expresó:

> El psicodiagnóstico nos ha demostrado que las *respuestas cromoformales* (FC), o sea aquellas en las que la forma es la determinante primaria, y el color la secundaria, *representan la capacidad de adaptación afectiva, mientras que las CF corresponden a una afectividad que ya no es adaptable, por más que con frecuencia persista un poderoso afán de adaptación. Por último, las respuestas C indican la impulsividad, en la que no existe la tendencia a la adaptación.* (Rorschach, 1948, p.96)

Es decir, siendo las respuestas de forma las representantes del control racional y las respuestas de color las representantes de la afectividad/impulsividad, consideramos que las respuestas de FC, en las cuales el color queda contenido en una forma, nos hablarán del intento que realiza el yo por controlar las emociones. Si dicho esfuerzo es efectivo, lo sabremos a partir del análisis de la calidad de las respuestas, es decir, si las mismas son F+, F-, F+- o F-+.

En el caso de FC+, el color aparece secundariamente y enriquece la respuesta. Por lo tanto, las emociones pueden ser expresadas de un modo racionalmente controlado. Nos hablan así, de madurez emocional dado que el yo posee recursos para demorar la descarga impulsiva y adaptarse a la realidad. Se trata de respuestas exteriormente orientadas y que dan cuenta de la consideración del mundo y del otro. Es decir, "son, pues, la expresión de sentimientos que suponen la ligazón a un objeto" (Bohm, 1973, p.227). Por lo tanto, las respuestas de FC son representantes de madurez afectiva, de empatía y de adaptación.

Cuando en cambio, las respuestas de FC son de mala calidad formal, es decir FC-, muestran un intento fallido de adaptación afectiva y se acercan más en su significación a las respuestas de CF que a las FC+. Las respuestas CF, aunque se hallan determinadas en primer lugar por el color, no dejan de considerar la forma que aparece relegada a un segundo plano. Por lo tanto, se trata de respuestas en las que, si bien el control es intentando, el yo sucumbe a la presión de las emociones, las cuales se imponen y lo desbordan. En este sentido, las respuestas de CF, nos hablan de una afectividad más lábil, más egocéntrica y más impulsiva. Quienes dan predominantemente este tipo de respuestas responden al estímulo afectivo de modo más inmediato y menos controlado, relegando la posibilidad de pensamiento y control a un segundo plano. Sin embargo, la presencia de alguna de ellas, cuando en el test hay otros elementos de estabilización, nos hablan de espontaneidad, de calidez, por lo que son respuestas esperables en los adolescentes.

Ahora bien, no consideramos sólo el valor absoluto de las respuestas cromáticas, sino que vamos a tener en cuenta su relación con otros elementos del test. "El número de respuestas cromáticas nos ofrece un índice de inestabilidad de los afectos, pero en sentido relativo, o sea en su proporción con las respuestas M, traduce la medida en que se *manifiesta* la labilidad emocional, es decir, el *grado de estabilización de los afectos*" (Rorschach, 1948, p.95).

Es decir, vamos a analizar las respuestas cromáticas en relación con otros factores estabilizadores de lo emocional.

Por ejemplo, la presencia de algunas CF   cuando hay en el test otros elementos que indiquen la posibilidad de control, implican espontaneidad, un modo menos rígido y más relajado de manejar la afectividad.

Por otro lado, la presencia de colores puros (C) representan la impulsividad, la expresión cruda de los impulsos, la pura descarga. No son respuestas esperables en un protocolo ya que indican ausencia total de control, es decir, muestran una afectividad que no está mediada por el pensamiento. De todos modos, tal como venimos expresando, frente a la presencia de alguna, debemos considerar otros elementos del test, estabilizadores de la afectividad (F+, M, W) para analizarla adecuadamente.

En síntesis, mientras más estables son los afectos, mejor es la visualización formal, cuanto más lábil es la afectividad menos precisa es la percepción de las   respuestas formales.

Además de la relación del color con el predominio y la calidad formal, consideramos que analizar el tipo de color que la persona utiliza también es importante. El predominio de colores cálidos (rojo, anaranjado, amarillo) nos habla de una afectividad más amable, franca y cordial. En cambio, cuando la persona se inclina por el uso de colores fríos (azul, verde) nos muestra una afectividad más reservada y distante.

Asimismo, el tipo de contenido vinculado al color nos parece otro dato relevante a tener en cuenta. No es lo mismo el color asociado a un contenido perturbador que usar el área cromática en relación con contenidos amortiguadores o vitales.

<u>**Análisis de usos particulares del color:**</u>

En este apartado vamos a analizar aquellas respuestas en las que el sujeto utiliza el color de un modo especial. Por ejemplo, cuando aparecen respuestas en las que el color es utilizado simbólicamente (*color simbólico*), podemos pensar que la persona intenta manejar el impacto que la presencia cromática le produce, elevándolo a un nivel abstracto y despojándolo de su contenido emocional. Por lo tanto, consideramos que este tipo de respuestas son un modo intelectual de responder al color y, por lo tanto, de defenderse ante la irrupción de lo afectivo.

Otro modo de responder al color es describiéndolo. Hay personas a las que el estímulo cromático las moviliza e intentan ocultar el malestar que les produce a través de la *descripción del color*. "Son personas que no muestran lo que sienten, sienten miedo y ponen distancia, se defienden (es algo casi consciente) enfocando en forma intelectual las situaciones emocionales" (Passalacqua y Gravenhorst, 2001, p.42). Es decir, también son respuestas que dan cuenta de que quien las da, evita conectarse con lo afectivo apelando al mecanismo de la intelectualización.

En ocasiones, nos encontramos con personas que utilizan el color modo arbitrario *(color arbitrario)*. Al tratarse de respuestas en las que el uso del color no se corresponde con lo natural, es decir, se trata de una asociación arbitraria, interpretamos su presencia como una adaptación social que no es genuina. En este sentido, la persona responde y actúa en función de lo que la situación requiere, pero sin conectarse con sus propios sentimientos.

Finalmente, a veces aparecen en el test respuestas en las que se el color que se utiliza no se corresponde con el objeto, son respuestas de *color forzado,* en las que lo afectivo interviene, pero sin corresponderse con la situación. Pensamos que se trata de personas que establecen vínculos forzados, es decir, que se esfuerzan por mostrarse adaptadas, pero en realidad no se trata de una adaptación genuina.

Análisis de los shocks cromáticos

Es frecuente que ante los estímulos cromáticos de las láminas (II, III, VIII, IX y X) algunas personas vivencien cierta perturbación o "conducta estuporosa menos pronunciada que el fracaso" (Bohm, 1973, p.131) que se manifiesta en una serie de indicadores: disminución del rendimiento, rechazo, alargamiento del tiempo de reacción, disminución del número de respuestas, aumento de Dd, presencia de Do, disminución de W y D, alteraciones en la sucesión, disminución de las F+ y de los M, aumento de respuestas de determinantes puros o de F secundarias, respuestas de complejo, de contenidos siniestro, presencia de fracaso inicial o, de modo más extremo, de fracaso total, entre otros. Es decir, "cualquier alteración importante en el curso regular de la asociación en la presentación de las láminas coloreadas (y en parte también de las rojo-negras) es un signo del shock al color" (Bohm, 1973, p.131). Rorschach consideró que el shock al color era el signo más general de las neurosis y que nos habla de personas que de afectividad reprimida. En tal sentido, el shock al color se vincula con fijaciones que comprometen la energía del sujeto, por lo que, ante la presencia del estímulo cromático y el malestar concomitante, aumenta la angustia y disminuye el rendimiento.

Vamos a consignar también, la presencia de choque a colores específicos cuya significación se vincula con la del choque al color en general, pero con especial relación al color en cuestión. Así, el choque al rojo será una reacción ante la propia agresividad. El choque al color marrón se vincula a fijaciones en la fase anal, propias de obsesivos. Y el choque al verde-azul, poco común en el Rorschach, se vincula con angustia de castración, de carácter regresivo, indiferenciado, a angustia ante algún daño corporal, propia de la fijación oral sádica, a problemas sexuales en varones y a fantasía de castración en las mujeres (Mirotti, 1998).

<u>Colores acromáticos</u>:

Unas líneas aparte, merecen los colores acromáticos, a saber, el blanco, el negro y el gris. La presencia de los mismos en el protocolo, se vincula con sentimientos disfóricos. Especialmente el negro y el gris se asocian con tristeza, ansiedad, angustia, inseguridad. Más específicamente, el negro con miedo y persecusión, y el gris con depresión. El blanco, en cambio, nos muestra una salida maníaca y eufórica frente a lo oscuro de la lámina. Todo ello, estará más o menos controlado en relación con la presencia, predominio y calidad del factor formal. Es decir, el mayor predominio y buena calidad de las respuestas de color acromático (Fc′), nos hablan de sentimientos integrados a la personalidad y mayor control.

Desde un sentido positivo, pensamos que los colores acromáticos, especialmente el negro y el gris, indican también sensibilidad artística, prudencia, cautela en los vínculos. El blanco, también es un índice de buena inteligencia y de autonomía (Passalacqua, 1993).

Más allá del análisis particular que hagamos de los colores acromáticos, nos parece fundamental considerar el tono emocional de la respuesta y el contenido al que está asociado el color en cuestión.

Análisis de las respuestas de **claroscuro**

Sabemos que en la versión original de las láminas los colores grises estaban distribuidos de forma uniforme, pero debido a defectos de impresión apareció el efecto sombreado que denominamos claroscuro. Aunque Rorschach no desarrolló en profundidad este tema, debido a su muerte prematura, si vislumbró reacciones diferenciadas a esta particularidad de las láminas y consideró que son expresión del estado de ánimo, generalmente disfórico y que se asocian con ansiedad y angustia. La mayoría de los autores las asocian con ansiedad, tristeza, angustia y con un estado de ánimo deprimido. Klopfer expresó (1982) que:

> Indican en general el modo como un individuo maneja su necesidad de afecto, de pertenecer a algo o a alguien y de obtener contactos satisfactorios. Todas las personas tienen estas necesidades elementales. La anticipación de la satisfacción de estas necesidades y el grado de la dificultad del individuo para manejarlas se refleja en la naturaleza de las clasificaciones del sombreado. (Klopfer, 1982, p.147)

De todos modos, es importante destacar que para una adecuada valoración de las respuestas de claroscuro y especificar su significación diagnóstica, hay que atender a la característica de mayor o menos difusión en la percepción de la mancha; la intervención del factor formal; la mayor o menor oscuridad de los tonos utilizados en la respuesta; el tono emocional del contenido (Mirotti, 1998).

En este sentido, consideramos que la presencia del factor formal habla de la posibilidad de control de estos sentimientos angustiosos. A medida que la presencia de la forma se diluye, el control disminuye. La mayor oscuridad de los tonos utilizados en la respuesta intensifica los sentimientos disfóricos, al igual que el tono emocional del contenido de la respuesta.

Distinguimos distintos tipos de claroscuro, cada uno de los cuales nos va a permitir indagar distintos aspectos.

Las texturas nos van a hablar de las necesidades de afecto y de dependencia. Nos muestran cómo el sujeto se vincula con los otros y con el mundo, lo cual es resultado de los vínculos primarios y de la internalización de los mismos. En tanto nos muestran el "tacto y la flexibilidad para manejarse con los demás" (Passalacqua, 1993, p.136), son respuestas esperables en el protocolo. La presencia de buenas texturas nos habla de buenos vínculos. El tipo de textura, o sea, su cualidad nos remite al tipo de vínculos. Si son cálidas hablan de vínculos agradables; si, en cambio, son frías de vínculos frustrantes y rechazantes; si son texturas desagradables nos hablan de repulsión y de vínculos destructivos; y las texturas intelectuales nos muestran cómo el sujeto se defiende de la necesidad afectiva del otro a través de la intelectualización. (Passalacqua, 1993).

Las FK nos mostrarán el esfuerzo que la persona realiza para tolerar la angustia. Son un indicador de la capacidad de introspección, de creatividad. Nos hablan de la posibilidad de mentalizar la angustia, de poner distancia objetivándola. Es decir, el sujeto puede ponerse en contacto con la angustia y la ansiedad, ponerla a distancia y controlarla. Es un buen índice que haya alguna en el protocolo, aunque un número alto de FK, nos habla de alguien con un alto nivel de angustia.

Las Fk, nos muestran la presencia de ansiedad y angustia, frente a lo cual la persona realiza un esfuerzo intelectual a través del cual intenta taparlas y controlarlas. Este tipo de respuestas nos muestran la defensa frente a la angustia más que la angustia misma.

<u>Análisis de los fenómenos especiales asociados al color cromático, acromático y al claroscuro:</u>

Finalmente, es importante atender a aquellos fenómenos especiales que se asocian con las respuestas cromáticas, las acromáticas y los claroscuros en sus diferentes tipos.

<u>Fórmulas vivenciales:</u>

Por último, en el análisis de los aspectos afectivos vamos a detenernos, muy especialmente, en las tres fórmulas vivenciales y la relación entre ellas. Dejamos este análisis para el final, no porque sea el menos importante sino porque las fórmulas incluyen los determinantes analizados anteriormente.

"El tipo de vivencias refleja principalmente la *posición fundamental de la personalidad respecto al yo y al mundo exterior"* (Bohm, 1973, p.121). De un lado, las respuestas de movimiento representan la vida interior, del otro, las respuestas cromáticas representan la energía dirigida hacia el mundo exterior. Por lo tanto, cuando la fórmula es *extratensiva,* es decir cuando hay un predominio de las respuestas de color por sobre los movimientos "la energía se vuelca sobre el mundo externo, se extro-vierte" (Mirotti, 1998, p.173). En este sentido, la afectividad es menos estable, las emociones se manifiestan de modo más directo en la conducta, la motricidad es más agitada y la relación con los otros es más extensa pero superficial (Mirotti, 1998). Sin embargo, nos parece fundamental atender al cómo se llega al puntaje total, es decir, cuál es la composición de los colores dado que, no es lo mismo la prevalencia de <u>FC sobre CF y C</u> que la de <u>CF y C sobre FC</u>. En el primer caso, estamos frente a una afectividad más controlada y más estable, cuyas expresiones afectivas consideran al otro y a la realidad. En cambio, de prevalecer <u>CF y C</u>, la expresión afectividad es más descontrolada e intensa y por lo tanto menos adaptada.

Cuando en la relación M/C, el mayor puntaje está del lado de las respuestas de movimiento, hablamos de un tipo vivencial *introtensivo.* En este caso, se trata de personas ensimismadas, que tienden a emplear la energía psíquica en la vida interior, en el mundo del pensamiento y de la fantasía. Son personas reflexivas, con una inteligencia más creativa y relaciones interpersonales menos extensas pero más intensivas.

Asimismo, nos parece relevante tomar nota de los valores de la fórmula, o sea, si se trata de un tipo vivencial coartado, coartativo, ambigual o dilatado. Mientras que los tipos coartados y coartativos se vinculan con personalidades más rígidas y secas, el tipo ambigual dilatado aparece en personas que pueden alternar ambas tendencias, la introtensiva y la extratensiva. Es decir, poseen mayor flexibilidad para volverse sobre sí mismos para luego volcarse hacia el mundo exterior y actuar en él.

La segunda fórmula vivencial incluye los FM+m de un lado y los c+C´+k+K del otro. Es decir, FM+m/ c+C´+k+K. Para la mayoría de los autores, esta fórmula representa las tendencias actuales de la persona. Vamos a analizarla en relación con la primera fórmula vivencial. Es decir, nos preguntaremos, ¿cuál de las fórmulas predomina? Cuando los valores son mayores en la primera fórmula, pensamos en una persona con defensas más rígidas, más estructurada y, por ende, con pocas posibilidades de movilización. El predominio de la segunda fórmula, nos habla de personas más susceptibles, tensionadas, que cuentan con poca capacidad de expresión y que se muestran cautelosas por temor a sufrir nuevas frustraciones. Se trata de personas que sienten mucho pero no lo expresan (Passalacqua, 1993).

La tercera fórmula que vamos a calcular, es la de la proporción del color, es decir, la reacción al color en las últimas tres láminas. Este porcentaje de proporción del color, reactividad latente (Klopfer), o índice de cociente afectivo (Beck) también es un elemento que nos va a brindar información acerca del modo en que la persona se maneja con los afectos. Cuando dicho porcentaje se encuentra por encima de lo esperable (30%), y dicho aumento se produce por respuestas que incluyen el estímulo cromático, podemos pensar que la persona es muy estimulada por el entorno y que queda atrapada en él. Si en cambio, el aumento se produce por repuestas en las que no interviene el color, pensamos que la persona es receptiva pero con poca capacidad de expresión.

Por otro lado, cuando la primera fórmula vivencial es introtensiva y la proporción al color se halla aumentada, podemos pensar que la persona reacciona mucho a los estímulos pero que no expresa lo que siente. Cuando la relación es a la inversa, es decir, la primera fórmula vivencial es extrotensiva y la proporción al color está disminuida, podemos esperar mayor descontrol en la conducta ya que hay más facilidad para expresar la agresividad, más aún si hay presencia de C, dado que, en estos casos, las respuestas incluyen el color rojo (Passalaqua, 1993).

La flexibilidad de las tres fórmulas nos habla de una personalidad integrada y adaptada. Mientras mayor sea la diferencia entre ellas, menor será armonía interior.

CAPÍTULO V

EL PRONÓSTICO

Sabemos que el pronóstico, junto al diagnóstico y al tratamiento son los pilares de la psicología clínica. Sin embargo, muchas veces se ha descuidado la importancia que merece el pronóstico. En este sentido, concebimos que el mismo resulta clave en tanto nos permite cierta anticipación sobre la evolución de la persona, tomar decisiones acerca del tratamiento más conveniente, así como prever la posibilidad de sostenerlo, entre otros. El psicodiagnóstico de Rorschach nos brinda múltiples indicadores para aproximarnos a dicha anticipación. En este capítulo, iremos presentando aquellos elementos a partir de los cuales podremos hacerlo.

Signos Rorschach para analizar el pronóstico:

-Índice de conflicto (IC):

Este índice, dentro de un porcentaje esperable (3-12 a 15%) nos habla de que hay conciencia de conflicto, de que la persona reconoce que algo le está pasando. Ello es un elemento de buen pronóstico terapéutico ya que implica la posibilidad de demanda de un tratamiento. Si este índice es demasiado alto, podemos pensar que estamos frente a una persona en crisis. Si, en cambio, es muy bajo o cero, muestra rigidez, poca conciencia de enfermedad, lo cual no es de buen pronóstico.

-<u>Respuestas Adicionales</u>:

La presencia de respuestas adicionales es esperable ya que nos muestra que la persona cuenta con los recursos para mostrar aquellos aspectos que no nos mostró la primera vez. Una de las pioneras en el estudio de las respuestas adicionales como índice pronóstico fue Marta Pagola (1974), quien consideró que este tipo de respuestas "no representan recursos potenciales de un sujeto sino aspectos diferentes que no aparecen en el test principal" (p.29). Por lo tanto, nos brindan una mirada más amplia y completa del sujeto y nos dan la posibilidad de observar si hubo cambio, si éstos son favorables o no, lo cual nos permite hacer un pronóstico (Pagola, 1974).

En el valor que otorguemos a las respuestas adicionales vamos a tener en cuenta si se trató de respuestas espontáneas o, si en cambio, hubo que insistir para obtenerlas. Passalacqua et al. (1994) consideran que cuando la persona solo responde a lo que le pedimos, debemos pedir adicionales hasta la LIII. En estos casos, podemos pensar que la persona está siendo complaciente, muy controlada, que se ajusta rígidamente a las normas y que posee poca plasticidad.

Consideramos importante ver la cantidad de respuestas adicionales y analizarlas en relación con las que dio durante la administración. Pagola (1974) planteó que podemos encontrarnos con varias posibilidades. Un test principal y uno adicional ricos; un test principal y uno adicional pobres; un test principal rico y un adicional pobre o viceversa. Cada caso tendrá un sentido diferente y debe ser analizado en relación con otros elementos del test. Sin embargo, en términos generales, podemos pensar en una personalidad rica que puede mostrarse tanto en situaciones nuevas y desconocidas (persecutorias) como en situaciones más conocidas y tranquilas. Cuando en cambio, en el test principal da varias respuestas y el adicional es pobre, pensamos que tal vez la persona agotó las posibilidades la primera vez. Ello no es de buen pronóstico dado que son personas a las que les cuesta sostener un tratamiento, lo comienzan pero van decayendo. Cuando ambos test son pobres, estamos frente a alguien que no muestra más porque no puede, lo cual es también de mal pronóstico. Por último, cuando un test principal pobre es enriquecido con respuestas adicionales pensamos en un buen pronóstico y en una persona que cuando logra superar los temores iniciales puede mostrarse con más tranquilidad, es decir, puede presentarse como alguien muy defendido pero que, en la medida en que la situación se vuelve conocida, puede mostrar más. Es sumamente importante que prestemos especial atención a qué es lo que nos muestra en segunda instancia, al tipo de respuestas que dé, a los determinantes que use, a la calidad formal de las mismas, si la persona mejora o, por lo contrario, empeora su producción. Asimismo, si relaja las defensas o si las refuerza dando sólo respuestas de F.

-<u>Examen de límites</u>:

Nos parece fundamental indagar acerca de aquello que no aparece durante la toma ni a lo largo del interrogatorio. Prestaremos especial atención a los motivos por los cuales no aparecen es decir, si no lo vio porque no puede verlo o si hay inhibición, represión.

-<u>Cont. Siniestros</u>: (hasta 10%)

Es esperable que haya algunos contenidos siniestros ya que, a través de ellos la persona nos muestra sus miedos, sus temores y dan cuenta de que la persona tiene conciencia de que algo la amenaza.

Cuando el porcentaje es igual a cero, es decir, cuando no aparecen contenidos de este tipo, pensamos que directamente la persona no registra y no tiene conciencia de sus miedos. Si el porcentaje es muy alto, estos miedos están exacerbados y se muestra muy paranoide.

-<u>Contenidos Perturbadores</u>:

Los contenidos perturbadores nos permiten identificar las áreas o contenidos que más lo perturban. La presencia de este tipo de contenido dentro de un número esperable, nos muestra que la persona tiene conciencia de ello y que, por lo tanto, aquello que la preocupa va a acceder con más facilidad a la conciencia. En este sentido, son un índice de buen pronóstico terapéutico.

-<u>Contenidos amortiguadores</u>:

La presencia de este tipo de contenidos nos muestra las áreas libres de conflicto. Por lo tanto, son de buen pronóstico dado que, hablan de la posibilidad de conectarse con el entorno, con los objetos, de realizar diversas actividades, de trabajar y de la variabilidad de intereses de la persona.

-<u>Respuestas de Movimiento</u>:

La presencia de respuestas de M (bien vistas) siempre son un índice positivo. Nos hablan de una persona que puede movilizar, que puede pensar, que puede sublimar. Que posee recursos para conectarse y entrar en diálogo con su mundo interno. Que tiene capacidad de insight. Es decir, tiene conciencia de sus conflictos y puede asumirlos. Por otra parte, las respuestas de M, nos muestran la posibilidad de la persona para establecer buenas relaciones interpersonales. Por todo ello, su presencia es esperable y son indicadores de buen pronóstico terapéutico. Cuando estas respuestas son dadas como adicionales, podemos pensar que la persona cuenta con estos recursos pero que, por algún motivo, no están disponibles.

-<u>Respuestas de Movimiento Animal (FM)</u>:

Dentro de un número esperable y siempre que no superen a las M, estas respuestas son de buen pronóstico en tanto dan cuenta de la vida instintiva, de la energía disposicional para enfrentar una tarea.

<u>-Respuestas de movimiento inanimado (Fm+):</u>

Estas respuestas son importantes ya que nos muestran que el yo activa la señal de alarma. Es decir, sabe que algo le está pasando y puede dar pie para poner en marcha los mecanismos de defensa.

<u>-Respuestas de claroscuro (FK):</u>

La presencia de respuestas de FK son también de buen pronóstico ya que, nos hablan de una persona que puede conectarse con la angustia para poder pensarla, ponerla a distancia, volver a acercarse, ponerla a distancia nuevamente. Este tipo de claroscuros, también nos muestran la posibilidad de pensar en los distintos matices de una situación, de analizar los problemas desde varias perspectivas. Cuando los claroscuros relegan el control formal a un segundo plano (KF) o cuando directamente no está presente (K), también las consideramos de buen pronóstico dado que, la angustia está ocupando un lugar mentalizado y ello implica menos posibilidades de actuación.

<u>-Texturas:</u>

Las texturas nos remiten a los vínculos. Su presencia en el protocolo nos permite ver qué tipo de vínculos establece la persona, lo cual es fundamental para poder establecer el pronóstico terapéutico. En tal sentido, nos preguntamos ¿cómo fueron los vínculos primarios? Y a partir de ello ¿qué podemos esperar que se juegue en la transferencia?

-<u>Respuestas de Color</u>:

Las respuestas de color, con predominio y buena calidad formal, son también de buen pronóstico porque nos hablan de la posibilidad que tiene la persona para mediatizar los impulsos, para conectarse con la afectividad, para integrarla y no quedar a nivel de la pura descarga. Cuando el nivel formal es secundario o nulo, habrá que analizar si la posibilidad de control está dada por la presencia de otros elementos del test (M, FK).

-<u>Respuestas de detalle usual (D)</u>:

En tanto las respuestas de D nos hablan de la capacidad de establecer una relación empática, de la posibilidad de comunicación, de pensamiento práctico y de sentido común, cuando se dan dentro de los valores esperables son de buen pronóstico.

-<u>Respuesta a la Lámina X</u>:

Finalmente, vamos a analizar la lámina X. Esta lámina, nos permite ver "la capacidad de la persona para resolver problemas prácticos en la vida diaria. Una buena respuesta puede mostrar la recuperación de la perturbación producida por las dos láminas anteriores" (Passalacqua, 1993, p.224). En este sentido, esta lámina se asocia con el pronóstico.

SIGNOS RORSCHACH PARA EL DIAGNÓSTICO DIFERENCIAL

Para realizar el *diagnóstico diferencial* vamos a tener en cuenta los siguientes elementos del test:

1)- **F+ext** define la estructura, si está disminuido hay fallas en la integración, mientras más bajo sea el porcentaje, más se acerca a una estructura psicótica. Si en cambio es muy alto, se asocia a una estructura esquizoide, en la cual hay mucha disociación.

En las neurosis el F + extendido puede estar dentro de lo esperable o un poco bajo, cerca de 70- 75%. En la psicosis estará por debajo del 65%. En la estructura borderline entre el 65 y 69%.

Es decir, para realizar un diagnóstico diferencial vamos a considerar todos los aspectos formales.

2)- También vamos a tener en cuenta la prueba de realidad. En una estructura neurótica la misma será de 5 puntos. En un borderline estará alrededor de los 4-5 puntos y en una estructura psicótica desciende por debajo de 3 puntos.

3)- Otro elemento a considerar es el porcentaje de respuestas de D y de respuestas A, dado que tienen que ver con el sentido común, el pensamiento práctico y la sistematicidad del pensamiento. En una estructura neurótica las respuestas de D estarán alrededor del 50%. En una estructura psicótica descienden hasta el 30% y en una borderline serán de alrededor de un 40%. Por otro lado, el A% estará dentro de los esperable en neurosis y en borderline, en cambio, en la psicosis estará disminuido.

4)- También vamos a consignar la presencia de fenómenos especiales patológicos: tendremos en cuenta si hay en el test contaminación verdadera, confabulación, transposición, respuesta de posición, anulación de la conciencia de interpretación. Analizaremos la presencia de ellos en relación con la totalidad de los elementos del protocolo, es decir, la presencia de alguno de ellos, en un protocolo en el que los porcentajes formales están dentro de lo esperable no se valorará del mismo modo, si este porcentaje es menor. En una estructura psicótica encontraremos disminución de la conciencia de interpretación (DCI) y en el borderline aumento de la conciencia de interpretación (ACI).

<u>NEUROSIS</u>:

-En las **neurosis** el F+% está por encima de 70.

-Hay conciencia de interpretación.

-El IR es de 4-5puntos. Es decir, la prueba de realidad está conservada.

-El D% es 50 y el A% se encuentra dentro de lo esperable.

-Si hay contaminaciones éstas son atenuadas.

En la neurosis la adaptación y el juicio se hallan conservados. Puede haber conflictos y presencia de angustia. Las defensas son más estructuradas. Puede establecer vínculos con otros. Hay síntomas porque hay represión. No hay fenómenos elementales. No hay crisis de identidad primaria -si puede haber crisis en la identidad secundaria- a diferencia del borderline donde si hay crisis en la identidad primaria.

<u>Al diagnóstico lo vamos a hacer por la prueba:</u>

-En la Neurosis obsesiva es más alta.

-En Histeria, está en el límite.

-En la Fobia es más baja porque habrá mayor cantidad de determinantes puros.

-En la fobia aparece más el DMNI con predominio de F secundaria.

-La presencia de contenido siniestro: en A más fóbico, en H más paranoide

Signos Rorschach en la Histeria

En general suelen ser test pobres y limitados. La ausencia de respuestas anatómicas nos habla de un proceso conversivo.

Mecanismos de defensa:

-Represión (falta M, F aumentadas, shock al color, ausencia de FM, R disminuidas, TR aumentado, fracaso en VI, VII, IX, hay CF y puede aparecer C puro).

-Idealización y disociación (sólo da texturas cálidas)

Localización:

-Aumentados D → posibilidad de relación

-Aumentados W → características más narcisistas.

-Dd disminuidos

-FV→ Coartadas / coartativas. Extratensiva

Determinantes:

-Color: CF y algún FC, puede ser *forzado* (dice lo que cree que va a agradar a otro, deseo de ser falo); o *simbólico* por la tendencia a idealizar (C+CF>FC)

-M: Puede haber M negativas (M-). Mientras más M- haya, más grave es el cuadro, siempre que los demás indicadores den cuenta de que es una neurosis histérica y no una psicosis.

-FM: En general no hay FM o están disminuidas, si están aumentadas se trata de histerofobia.

-m: pueden aparecer algunas asociadas a tensión y excitación, como algo no reconocido como propio. Si tiene buen nivel formal (Fm+) indican señal de alarma y evidencian que la persona tiene conciencia de cierto grado de conflicto.

-Ausencia de K: la ausencia de respuestas de K muestra que no reconocen la angustia. La presencia de alguna nos indica que hay algún mecanismo conversivo.
-No aparecen FK y Fk: por represión de la inteligencia.
-c: aparecen pocas, generalmente cálidas (idealización), también pueden ser cálidas/frías. No hay texturas desagradables.

<u>Fenómenos especiales</u>
-Estupor frente a símbolos sexuales masculinos (ESS): asociado a angustia de castración.
-W cortadas: sobre todo en símbolos fálicos.
-Shock al color.
-Autorreferencias
-Evidencia
-Eqe
-Lien, relaciones con tendencia a la indiscriminación.
-Proyección de color: teatralidad

<u>Contenidos</u>
-Prevalecen los contenidos amortiguadores: flores, vegetales, adornos, cosas vistosas y lujosas.
-Sexuales encubiertas (caderas, por ejemplo).
 Las sexuales directas con F+ están generalmente ausentes. Si están aumentadas indican fracaso de la represión.
-Símbolos que apunten a lo femenino o masculino.
-Respuestas mariposa, si aparecen varias tiene que ver con

fantasías o realidad de violación o abuso

-Animales inofensivos: encubriendo todo lo que es la agresión.

Mientras mayor conversión haya, más pobre será el protocolo dado que hay más represión.

Signos Rorschach en la Personalidad obsesiva:

-Hablan en plural.

-Pedantería en el lenguaje.

-Excesiva formalidad. Por ejemplo, agradecen cada vez que reciben y/o devuelven la lámina

-Preguntan por el tiempo

-Provocan tedio y cansancio

-Insisten con el modo de confección de las láminas

Cómputos:

-N°R: aumentado por ambición de cantidad.

-N°R: disminuido por rigidez, control, autocrítica.

Localizaciones:

-W: aumentadas, por excesivo control, rigidez, autocrítica.

-Dd: aumentados. Muestran el pensamiento analítico, minucioso de la personalidad obsesiva. Además, son índice de buena atención.

-S: por oposicionismo, conflicto con la agresión.

-Sucesión: rígida o bien, da todas W

<u>Determinantes</u>:

-F% F+%: aumentados por búsqueda de exactitud, rigidez, disociación.

-Todas las formas: (F, F+, Fext., F+ext) aumentadas.

-$\sum$Color >M

-Aumento de M en D.

-Ausencia o perturbación de la M en LIII (Popular), sobre todo si hay otras M en el protocolo y algunas de ellas tienen carácter insólito.

-Si M está disminuido y FC>CF indica extrema pasividad

-Fm: aumentado por tensión obsesiva

-m: en general no hay.

-FC, FC forz., FC arb. aumentados: sobreadaptación, formación reactiva.

-C puros: pueden estar ausentes o haber entre 2 o 3.

-FC<CF: labilidad, expresión de la angustia de modo somático.

-Fci, Fk: muestran la intelectualización.

<u>Tipo Vivencial</u>:

-Ambigual: duda, ambivalencia, pedantería.

-Coartado: inhibición extrema

<u>Contenidos</u>:

-A% y P%: aumentados. Evidencian un enfoque cauteloso e inhibido.

-Hd y Ad: aumentados, por presencia de angustia y/o por restricción intelectual

-Variados: intereses o pretensiones culturales.

-Objetos (control afectivo).

-Cont. Científicos (pedantería, intelectualización).

-Cont. artísticos, temas históricos, antropológicos, períodos geológicos, áreas geográficas.

-Cont. amortiguadores: objetos inanimados.

-Cont. relacionados con lo anal: explosiones, sádicas, aplastados, chanchos, zorrinos, cosas sucias, limpias, respuestas de olor, de atrás.

-At. anales: sacro, coxis, columna, vértebra.

-No hay sexuales directas o se encuentran intelectualizadas.

-Geométricas

-Islas (aislamiento).

-Máquinas, útiles, productivas.

-Obj. fríos: estatuas (aislamiento).

-Huesos (represión de la agresión).

-Títeres, loros, A sumisos, ponen el acento en acatar órdenes, en cumplir el deber (formación reactiva).

-Respuestas en las que aparece el esfuerzo por relacionarse, docilidad, altruismo, amor por la humanidad (formación reactiva).

<u>Fenómenos especiales</u>:
-Mención de simetría.
-Mención de línea media.
-Descripción espontánea.
-Descripción del claroscuro (describen para no sentir

angustia, represión de la agresión con matiz intelectual).

-Respuesta de posición.

-Shock al color.

-Shock al rojo.

-Shock al rojo y Shock al color junto con Shock al claroscuro.

-Giro instantáneo (oposicionismo).

-No girar las láminas (sumisión).

-Diminutivos llamativos.

-ACI.

-Crítica de objeto y crítica de sujeto.

-Respuesta de «o» (ambivalencia, duda).

-Repetición.

-Adherencia al tema.

-Respuesta de defecto.

-Uso del plural.

-Pedantería.

-C.C. (puede dar).

-Confabulatorias en general no hay.

-Contenidos Sin. en general no hay.

Signos Rorschach en Fobia:

-Los TR son breves, devuelve rápidamente la lámina (conducta evitativa).

-DMNI con predominio de F secundaria.

Localizaciones:
-D de borde.

Determinantes:
-F+% disminuido.
-FM supera al M (cada 7 FM/2M, es decir, 3 o 4 veces más).
A medida que la fobia se agrava desaparece FM (proyección
sin desplazamiento). Aparecen m (son de naturaleza más
regresiva). Las respuestas de FM suelen ser: pasivas, de lucha.
-Mientras menos M hay más regresión.
-Disminución de respuestas de Color. En la modalidad
contrafóbica aumentan C+CF, la Prop. de color y puede
haber CC.
-Presencia de K+KF (angustia flotante)
-K+m (crisis de angustia o ataque de pánico)
-K+m+C (crisis de angustia con actuación contrafóbica)
-K+m+C′ (crisis de angustia con paralización)
-K+C (angustia insoportable, descarga)
-Fk, Fcci, F
-C′F, C′ (gris)

Contenidos:
-Aumento de A%, Ad., Animales irreales (A), A muertos,
destrozados.
-H irreal (H), Hd.
-Contenidos sin.: Máscaras, ogros, brujas, sangre
-Disfraces

-Perfiles

<u>Fenómenos Especiales</u>:
Ausencia de fenómenos especiales psicopatológicos graves.
-Shock al rojo
-Acción padecida
-Respuesta de complejo
-Ilusión de semejanza
-Eqe
-Lien

Signos Rorschach en PSICOSIS:

Las funciones yoicas de realidad están severamente afectadas.
-El IR está por debajo de 5 puntos.
-Disminución del F% y F+% (debajo de 70).
-Fenómenos especiales patológicos: Contaminaciones, neologismos, lógica autista (LA).
-Los mecanismos que intentan defender al sujeto de la desintegración son primitivos: negación, omnipotencia, regresión, identificación proyectiva, forclusión.

Esquizofrenia simple:

No presenta alucinaciones ni delirio. Hay embotamiento afectivo, indiferencia, apatía. El retraimiento es muy marcado, se va apartando del mundo. Hay un importante empobrecimiento emocional y el funcionamiento intelectual se va lentificando progresiva y gradualmente.

<u>Signos Rorschach en la esquizofrenia simple:</u>
-Pocas R
-Determinantes:
Pocos determinantes. Sólo F y de mala calidad.
Ausencia de M, H, C, FM.
F+ y F+ext. muy bajo.
-Contenidos:
El A% puede estar aumentado, indicando estereotipia, pobreza de intereses, poca productividad e inercia psíquica.
Hay Hd y Ad.
-Frecuencia de las respuestas:
Suelen aparecer O-, que dan cuenta de una lógica muy personal apartada de la realidad.
-TV coartado.

Signos Rorschach en Hebefrenia:

Es un protocolo similar al de la histeria pero más "loco" y desorganizado. Presenta alucinaciones e ideas delirantes muy extravagantes, neologismos e incoherencias. Los fenómenos regresivos son muy marcados. Presenta total desintegración de la personalidad, una vida autista.

-<u>Determinantes</u>:

Hay Color: C y CF.

F+, F+ext % bajo

Hay M-

-<u>Fórmula vivencial</u>:

TV extratensivo.

-El IR es bajo.

-<u>Contenidos</u>:

A% aumentado.

Hd>H

Ad>A

-<u>Fenómenos especiales</u>:

CC grave, bizarra.

Signos Rorschach en Psicosis paranoide:

No llega a tanto deterioro y regresión. Presenta un aspecto aniñado. Conserva algunos aspectos sociales. Tiene ideas delirantes. Puede presentar alucinaciones. Hay contenidos persecutorios, megalómanos, hipocondríacos. Creen que pueden manejar fuerzas sobrenaturales. Dan explicaciones extravagantes. Modalidad apática. Presencia de hostilidad y/o agresión.

-<u>Localizaciones</u>:
Ddr con S.

-<u>Determinantes</u>:
F% (mejor que en otras psicosis).
Hay M.
FC (pueden ser FC- o FC forz.).
Mucho C (puro) si es querellante.
Predomina M sobre C.
-m (proyección).

-<u>Fórmula vivencial</u>:
TV Introversivo.

-<u>Fenómenos especiales</u>:
FFF
Confabulatorias.
Tendencia a dar respuestas abstractas.
Verbalizaciones regresivas o extravagantes.

- <u>Contenidos</u>:
-Letras, Geom., notas musicales, signos.
-A% fuera de la norma. Aumentado o disminuido.
-Cont. Siniestros.
-Acentuación de ojos, boca, máscara.
-Puede haber un elevado IC.

Signos Rorschach en Depresión:

Si la estructura es psicótica (melancolía), hay un aumento de las respuestas W y los fenómenos especiales son más graves. El objeto odiado es introyectado. No hay discriminación, el ataque es contra el yo.

Los TR se encuentran enlentecidos.

-<u>Localizaciones</u>:

W% aumentado.

-<u>Determinantes</u>:

Ausencia de texturas.

Ausencia de color o color puro cuando hay excitación motriz.

-<u>Contenidos</u>:

La depresión se puede ver en los contenidos. Por ejemplo: cosas frías, hielo, MOR, fósiles, contenidos desvitalizados.

A% elevado por la estereotipia del pensamiento.

Signos Rorschach en perversión:

Mientras más actuada sea la perversión menos indicadores habrá en el test. La perversión no se detecta por las funciones yoicas de realidad sino por los mecanismos defensivos que utiliza.

-<u>Localizaciones</u>:

S: como no soportan la falta (S) lo llenan de contenido F-, falla la lógica.

-<u>Determinantes</u>:

cFd o cd texturas desagradables: puede reconocerlo como algo desagradable pero sin que ello les genere conflicto.

C puro: actuación menos disociada.

Si la suma de colores es igual a cero, la actuación está disociada.

FM: si no hay, las pulsiones están muy actuadas.

Si FM aumentados: prevalecen pulsiones pregenitales.

Puede haber FM negadas: impotencia ♂ y frigidez ♀ (también, se da en neurosis).

-<u>Contenidos</u>:

Respuestas sexuales directas: pero destructivos y sádicos. Busca la complicidad y disfruta del sometimiento del otro. Aspectos sadomasoquistas.

Características sexuales invertidas: en un área donde se ve normalmente lo femenino dan como respuesta un pene, por ejemplo.

Contenidos pegajosos o desagradables.

Contenidos relacionados con voyeurismo, exhibicionismo, desnudos.

Contenidos parciales: ver si dan M en Hd (por ejemplo, piernas de mujer abiertas), suelen dar respuestas retorcidas. Cuando dan M en H suelen destacar, hacer sobresalir una parte (por ejemplo en la L. III: mujeres con pechos grandes).

Suelen dar respuestas con un contenido muy sádico.

Contenido vinculados al fetiche: ropa interior, pieles, corpiños, zapatos, talones, barbas.

También contenidos que agregan algo para no ver a falta. Por ejemplo, en L.I: Mujer con sombrero (D central), a diferencia de las neurosis que dan respuestas de defecto, por ejemplo: mujer sin cabeza.

La falta está velada, tapada con vestidos, sombreros, telas. La falta se sitúa a nivel de falla narcisista y no a nivel de castración. No se angustia, sino que completa la falta.

-<u>Fenómenos especiales</u>:
Acción padecida.
Shock en IV y V.
Devaluación.
Redundancia.

-<u>Otras características</u>:
Utilizan el mecanismo de la renegación. Por ejemplo, en la L III dicen: hombre con busto, mujer con pene. Ven algo de adelante y atrás, por la negación de la diferencia sexual anatómica. No lo percibe como un error, sino que reniega de la diferencia, puede decir también: persona de espaldas.

Los perversos se apoyan en lo visible. En L. III dicen: mujeres a las que se les ve una sola pierna (solo existe lo que se ve). Van al plano de lo real, por déficit simbólico. L.I: mujer, por las piernas transparentes, por las caderas (aparecen solo aspectos parciales)

Signos Rorschach en Borderline:

En el borderline no hay consenso. No acepta todas las normas sociales, por lo tanto, puede irrumpir la desconexión, los aspectos más psicóticos.

-<u>Determinantes</u>:

Hay una pseudoadaptación. Las funciones de realidad disminuidas, por lo tanto:

F+% y F+ext% están por debajo del porcentaje esperable, pero no tan bajo como en las psicosis.

Prueba de realidad por debajo del 70%. A medida que la prueba baja la patología es más grave.

Las F- tienen que ver con la falla de la lógica. No es una estructura estable. Hay fallas en la identificación primaria.

M: puede haber muchas (de mala calidad) o muy pocas dado que, encontramos en el borderline los dos aspectos, tanto lo neurótico y como lo psicótico.

-<u>Fenómenos especiales</u>:

Hay fallas en el juicio de realidad que se manifiestan en algunos fenómenos especiales. A saber: Lógica autista (LA). Confabulaciones. Contaminadas grado 2. Aumento de la conciencia de interpretación (ACI).

-<u>Contenidos</u>:

De las respuestas populares, dan las más populares de las Populares. Sin embargo, el P% está disminuido.

Contenidos de fetos, bebés (remiten a la estructuración).

Signos Rosrchach en organicidad:

En general hay un bajo NºR, aunque algunos no se pueden desprender de la lámina y dan muchas respuestas. También puede haber fracasos.

Los TR suelen lentos.

El índice de realidad no tiene necesariamente que estar disminuido

-<u>Localizaciones</u>:

Dd aumentados.

DdS aumentados.

D disminuidos.

A veces dan todas W.

-<u>Determinantes</u>:

F% aumentado.

F+% aumentado (muchas F+-).

Hay C puro

Ausencia o a lo sumo 1M

FM>M (Baja tolerancia a la frustración)

FC y C puro (puede haber)

DM: F//C

En traumatismos de cráneo: C' y C'F

Texturas puras (suelen ser muy dependientes) o Cf

<u>Fórmula vivencial</u>:
Tipo vivencial extratensivo (son irritables).

-<u>Contenidos</u>:
Hd+Ad>H+A
A% disminuido o aumentado cuando hay perseveración en respuestas de contenido animal.
Fuego (epilepsia)
Comida
Manchas
Islas

-<u>Fenómenos Especiales</u>:
En los fenómenos especiales es donde más se ve la organicidad
Perseveración (burda).
Contaminaciones verdaderas (cuando hay lesión del lóbulo frontal).
Adherencia a la mancha (Epilepsia).
Repetición (falla la memoria).
Transposición.
Muletillas (para llenar lagunas mentales).
Perplejidad (cuando interrogamos CC queda perplejo, sabe que está mal, pero no puede corregirlo).
Piquing (pequeño detalle de la lámina y hablan de lo que sobresale).
Confabulación.
Uso del diminutivo.

Crítica del Sujeto.

Cn indica deterioro, no puede simbolizar.

Mención de línea media   y mención de simetría (indican
inseguridad).

Lien (dependencia).

Evidencia.

Shock al rojo (por la impulsividad, conflicto con la agresión).

Plegado

Signos Rorschach en Epilepsias:

-<u>Localizaciones</u>:
Dd% muy elevado.

-<u>Determinantes</u>:
C puro.
C' (tristeza, agobio, depresión).

-<u>Fenómenos especiales</u>:
Cn (si hay deterioro).
Adherencia a la mancha.
Adherencia perceptual.
Perseveración.
Respuestas de fuego.
Lien.
Puede haber al menos dos, o más Alteraciones Amnésicas (en
palabras de uso cotidiano) es el signo Ro más importante.
Problemas de memoria.

Signos Rorschach en Debilidad del yo:

-<u>Localización</u>:
Hay un predominio de respuestas W vagas mal vistas.
Ddr

-<u>Determinantes:</u>
Hay un predominio de determinantes puro o de nivel formal secundario por la falla en el control de los impulsos.
F+% por debajo de 70.
M y m en igual cantidad. Ello por la falta de tolerancia a la ansiedad.
M<m+FM.
C'F, C', FC' CFbl (ansiedad paranoide o depresiva).
FC<CF+C.

-<u>Contenidos</u>:
Respuestas infantiles.
Respuestas de complejo oral.
Respuestas de ojos.

-<u>Fenómenos especiales</u>:
Color deteriorativo o color nombrado.
Respuesta cambiada (no puede sostener la respuesta por ansiedad).
Shock al rojo (habla de la carga de agresividad).
Sangre (situación de peligro).
Color vinculado a lo erótico (fuego).

Color vinculado a lo fanático (sangre).

Censura inicial.

Ilusión de semejanza.

Consciencia de interpretación disminuida (CID).

-<u>Frecuencia</u>:

P% muy bajo. Ausencia de la P en L.V.

I.R. 4 o menos

Muchas O-

REFERENCIAS

Bellak, L., Abt, L. (1967). *Psicología proyectiva. Enfoque clínico de la   personalidad.* Buenos Aires: Paidós.

Bohm, E. (1973). *Manual de Psicodiagnóstico de Rorschach.* Madrid: Morata.

Frank, L. K. (1939). Projective methods for the study of personality. Journal of Psychology, 8, 389-413.

García, R. (2004). Recorrido por algunas teorías psicológicas de la percepción. En: Töpf, J. (comp.). *Escritos de Psicología general,* (pp. 67-80). Buenos Aires: Eudeba.

Grassano, E. (1980). *Indicadores psicopatológicos en técnicas proyectivas.* Buenos Aires: Nueva Visión.

Laplanche, J., Pontalis, J. (1974). *Diccionario de psicoanálisis.* Barcelona: Labor.

Mirotti, M. (1998). *Introducción a los test de manchas.* Córdoba: Brujas.

Mirotti Miguel Ángel. (2018). *Introducción al estudio y práctica de los test de manchas.* Córdoba: Brujas.

Pagola, M. (1974). Dos índices de pronóstico en Rorschach. *El Rorschach en la Argentina, 1y2*(1), 25-53. Buenos Aires: Asociación Argentina de Psicodiagnóstico de Rorschach.

Pardillo Palomino, Jorge (2001). Psicodiagnóstico de Rorschach y epistemología cualitativa: Un criterio. *Revista cubana de psicología, 18*(2), 176-179. Recuperado de http://pepsic.

bvsalud.org/pdf/rcp/v18n2/09.pdf

Passalacqua, A. (1993). *El psicodiagnóstico de Rorschach, sistematización y nuevos aportes*. Buenos Aires: Ed. Klex.

Passalacqua, A. (1993). *El psicodiagnóstico de Rorschach. Interpretación*. Buenos Aires: Ed. Klex.

Passalacqua, A. y Gravenhorst, M. (2005). *Los fenómenos especiales en el Rorschach*. Buenos Aires: JVE

Rapaport, D. (1971). *Test de diagnóstico psicológico*. Buenos Aires: Paidós.

Ruiz, S., Orcoyen, D. (2006). *El Psicodiagnóstico de Rorschach. Nuevos aportes para la comprensión del psicograma y la secuencia*. Buenos Aires: Dunken.

Rorschach, H. (1948). *Psicodiagnóstico. Una prueba basada en la percepción. Buenos Aires*: Paidós.

Székely, B. (1960): *Los test*. Tomo I. Buenos Aires: Kapelúz.

Impreso por Editorial Brujas • julio 2020 • Córdoba–Argentina

www.ingramcontent.com/pod-product-compliance
Lightning Source LLC
Chambersburg PA
CBHW081448250726
48662CB00009B/2989